RAPPORT

A SON EXCELLENCE

M. LE MINISTRE DE LA MARINE ET DES COLONIES

SUR

L'ÉCORCE DE CAÏL-CÉDRA

DU SÉNÉGAL

et sur la possibilité de son emploi comme fébrifuge
dans l'art de guérir.

Par Eugène CAVENTOU.

PARIS.

IMPRIMÉ PAR E. THUNOT ET Cⁱᵉ,

RUE RACINE, 26, PRÈS DE L'ODÉON.

1857

RAPPORT

À SON EXCELLENCE

M. LE MINISTRE DE LA MARINE ET DES COLONIES

SUR

L'ÉCORCE DE CAÏL-CÉDRA

DU SÉNÉGAL.

RAPPORT

A SON EXCELLENCE

M. LE MINISTRE DE LA MARINE ET DES COLONIES

SUR

L'ÉCORCE DE CAÏL-CÉDRA

DU SÉNÉGAL

et sur la possibilité de son emploi comme fébrifuge
dans l'art de guérir.

Par Eugène CAVENTOU.

PARIS.

IMPRIMÉ PAR E. THUNOT ET Cⁱᵉ,

RUE RACINE, 26, PRÈS DE L'ODÉON.

1857

PRÉFACE.

Le rapport que j'ai l'honneur d'adresser à Son Excellence M. le Ministre de la Marine et des Colonies, est la suite d'un travail que j'ai publié il y a quelques années, et qui faisait lui-même le sujet de ma thèse inaugurale à l'École de pharmacie.

A cette époque plus que maintenant, la recherche d'un succédané du quinquina était nécessaire ; aussi avais-je fondé de sérieuses espérances sur une écorce qui jouissait d'une grande réputation comme fébrifuge parmi les noirs du Sénégal : un essai, bien qu'incomplet, fait ici au lit du malade, pouvait faire espérer de trouver en lui des propriétés antipériodiques réelles. Enfin le surnom de *quinquina du Sénégal* que les colons européens lui avaient donné, et qui certes était bien séduisant, excita en moi au plus haut point le désir de continuer ce travail, qui pouvait être utile à l'art de guérir.

Ne pouvant, à l'aide de mes propres ressources, me

procurer ces écorces en assez grande quantité pour compléter mon travail chimique et faire des essais pratiques, je m'adressai à M. le Ministre de la Marine, qui, je m'empresse de le dire, alors même que la reconnaissance ne m'en ferait pas un devoir, mit toute l'obligeance possible à faire venir ces écorces de la colonie, et à me fournir ainsi les moyens de donner suite à mes premiers essais.

Depuis l'époque où j'ai publié ma thèse, plusieurs expériences ont été tentées par divers médecins de la marine, à l'effet de voir si l'extrait du caïl-cédra rendrait des services comme antipériodique. Les uns affirment avoir obtenu des succès réels, d'autres au contraire assurent que les essais tentés par eux dans l'emploi des écorces de caïl-cédra contre les fièvres intermittentes n'ont point donné de résultats satisfaisants. Quoi qu'il en soit, je ne veux pas agiter cette question que je pourrais peut-être ne point envisager sans quelque prévention, et que je regarde d'ailleurs comme n'étant pas de ma compétence : seulement, s'il m'était permis d'exprimer ma pensée à cet égard, je dirais qu'en présence d'opinions contradictoires, et avant de rejeter un médicament nouveau, il serait peut-être bon de faire un plus grand nombre d'essais, ainsi que j'en manifeste le désir à la fin de mon rapport.

Mon but, du reste, en faisant ce travail, a été de me

rendre utile, et j'espère en avoir approché ; car en admettant que l'expérience clinique fasse abandonner l'usage de l'écorce de caïl-cédra, je crois que j'aurais encore rendu un service, en démontrant qu'un végétal surnommé le *quinquina du Sénégal* possède un surnom qu'il ne mérite pas, et qu'il ne jouit nullement des propriétés qu'on lui attribue. Une vérité reconnue, qu'elle soit positive ou négative, est toujours un fait acquis à la science.

En publiant mon travail, j'obéis d'ailleurs au désir de M. le Ministre de la Marine, ainsi que le constate la lettre en date du 24 novembre, que Son Excellence m'a fait l'honneur de m'adresser en réponse à l'envoi de mon rapport, lettre ainsi conçue :

« Paris, le 24 novembre 1857.

» Monsieur,

» Vous avez bien voulu me communiquer, sous la date » du 6 de ce mois, un rapport fort étendu dans lequel vous » rendez compte du résultat des recherches que vous avez » faites relativement aux propriétés de l'écorce du caïl-cédra » comme fébrifuge.

» Je vous remercie de l'attention que vous avez eue de me » donner connaissance de cet important travail, et je recevrai » avec un égal intérêt l'exposé des expériences ultérieures » que vous énoncez devoir faire de l'extrait du caïl-cédra.

» J'ai l'honneur de vous renvoyer ci-joint votre mémoire,

» qui me paraît de nature à être utilement publié dans une
» revue médicale. Je vous serai obligé, le cas échéant, de
» mettre à ma disposition une vingtaine d'exemplaires du
» tirage à part que vous pourriez faire effectuer de l'article
» en question.

   » Recevez, Monsieur, l'assurance de ma considération dis-
» tinguée,

» L'Amiral, Ministre secrétaire d'État
» de la Marine et des Colonies,

» HAMELIN. »

Paris, le 6 novembre 1857.

Rapport à Son Excellence M. le Ministre de la Marine et des Colonies, sur la possibilité d'emploi, dans l'art de guérir, de l'écorce du caïl-cédra, originaire du Sénégal.

Monsieur le Ministre,

Dans le courant de l'année 1849, je fis une thèse pour l'obtention de mon diplôme de pharmacien, dont le sujet était celui-ci : *Recherches chimiques sur l'écorce du caïl-cédra.*

Cette écorce était réputée fébrifuge et l'on pouvait espérer en faire un succédané du quinquina. A cette époque, plus que maintenant peut-être, les travaux de ce genre avaient une grande importance, car le prix du sulfate de quinine était beaucoup plus élevé qu'il ne l'est aujourd'hui ; et les populations peu fortunées qui habitent certaines contrées de nos départements se trouvaient, pour ainsi dire, dans l'impossibilité de profiter de l'action héroïque de ce précieux médicament.

Débutant alors dans une carrière où les hommes qui l'ont embrassée s'efforcent, pour la plupart, d'apporter, par leur travail, quelque soulagement à l'espèce humaine (et les noms des Vauquelin, Sertuerner, Serulas, Pelletier et mon père, Robiquet, etc., sont là pour prouver que ce que j'avance est bien fondé), je pensai qu'il était tout naturel pour moi d'apporter mon faible contingent dans cette utile et noble lutte. Je cherchai donc s'il n'y aurait pas possibilité de trouver un médicament qui pourrait, sinon remplacer, du moins aider puissamment l'action du sulfate de quinine, en rendant, par la modicité de son prix, l'emploi de ce dernier moins obligatoire.

L'écorce du caïl-cédra, qui paraissait pouvoir remplir le but que je me proposais d'atteindre, est originaire du Sénégal et m'avait été envoyée par un de mes parents, M. Servant, qui y était alors directeur des ponts et chaussées pour votre ministère. Ces écorces, que j'avais fait venir à mes frais, furent soumises à l'analyse chimique, et je pus en retirer un corps particulier qui fut expérimenté sur un malade par le docteur Moutard-Martin, dans le service de M. le professeur Chomel, dont il était alors le chef de clinique.

Le résultat thérapeutique obtenu, quoique incomplet à cause de la petite quantité de substance à essayer, fut cependant assez remarquable ; car la matière amère particulière que j'avais retirée de cette écorce, et qui fut donnée à un fébricitant, à des doses équivalentes à celles que l'on emploie pour administrer le sulfate de quinine, donna un résultat analogue et coupa très-bien un accès de fièvre. Ce fait se trouve relaté à la fin de ma thèse, dont j'eus l'honneur, Monsieur le Ministre, de vous offrir un exemplaire.

Frappé de l'action énergique dont paraissait doué le principe amer de cette écorce, j'eus un vif désir de m'en procurer une nouvelle quantité afin de compléter son étude chimique et me former une opinion certaine sur sa valeur comme fébrifuge.

C'est alors, Monsieur le Ministre, que mon père songea à vous demander quelques instants d'audience, pour vous soumettre nos désirs et nos espérances. Je n'ai pas besoin, Monsieur le Ministre, de rappeler ici l'accueil favorable que vous avez bien voulu nous faire, à mon père et à moi, ainsi que votre promesse de faire venir du Sénégal, les écorces qui me seraient nécessaires pour mener mon travail à bonne fin.

A la suite de cette audience, au mois de juillet 1849, je m'empressai de vous écrire une lettre dans laquelle je vous priais de vouloir bien faire venir du Sénégal une certaine quantité d'écorces de caïl-cedra ; je profitai de votre bienveillance pour vous demander de vouloir bien y joindre en même temps de l'écorce de karapa, appelée par les nègres touloucouna, écorce sur laquelle MM. Robinet et Pétroz avaient déjà fait des essais, et dans laquelle ils avaient signalé un principe amer de nature alcaloïde jouissant de propriétés fébrifuges, mais dont ils n'avaient pu faire l'histoire complète, la quantité d'écorce qu'ils possédaient n'ayant pas été suffisante.

Je demandai encore, Monsieur le Ministre, l'envoi d'écorce de nandouck. Le nandouck est une écorce qui a beaucoup de ressemblance, pour l'aspect extérieur, avec l'écorce de tilleul qu'on emploie dans notre pays

pour faire des cordes à puits. Je n'ai pu découvrir
nulle part des indices sur l'histoire naturelle de cet
arbre ; cette écorce m'avait été signalée par M. Servant comme étant un des fébrifuges les plus usités
parmi les noirs de la Guinée, où, comme vous le
savez, Monsieur le Ministre, les fièvres ont un caractère plus grave que celles qui règnent au Sénégal ; et
je terminais ma lettre en vous priant, Monsieur le Ministre, de vouloir bien confier ces différents envois à
M. Servant, alors en congé à Paris, et qui devait re-
tourner bientôt au Sénégal reprendre ses travaux.
J'étais sûr qu'en confiant l'exécution de vos ordres à
M. Servant, le plus grand soin aurait été apporté au
choix de ces différentes écorces. Malheureusement sa
santé, déjà fort altérée par le long séjour qu'il avait
fait dans les colonies, ne put résister à ce nouveau
voyage, et à peine arrivé à Gorée, on fut obligé,
sous peine de le voir périr en quelques jours, de le
rembarquer de suite sur un navire qui retournait en
France : il laissa donc à ses employés la mission que
vous lui aviez confiée, et l'envoi qui devait en être la
conséquence se trouva, par ce fait regrettable, fort
éloigné. Par une lettre datée du 7 août 1849 et si-
gnée par M. le secrétaire général, j'étais informé que
vous aviez donné des ordres pour que toutes les de-
mandes que j'avais eu l'honneur de vous adresser re-
çussent leur entière exécution.

C'est vers le mois d'avril 1850 que j'eus connaissance de la maladie de M. Servant, et de l'impossibilité absolue que ses souffrances avaient apportée à l'ac-
complissement de la mission dont vous l'aviez chargé.

Craignant d'éprouver de longs retards à cause de cet incident, et sachant d'ailleurs, Monsieur le Ministre, que M. le docteur Quoy, inspecteur général du service de santé de la Marine, s'intéressait aussi à des essais sur les écorces fébrifuges du Sénégal, j'allai le voir pour le prier de vouloir bien s'informer si l'on s'occupait de l'envoi des écorces. M. le docteur Quoy eut la bonté d'écrire au médecin en chef du Sénégal, alors M. le docteur Marquiseau, qui lui répondit qu'en effet M. Servant avait été obligé de partir immédiatement à cause d'une violente dyssenterie, et que par conséquent il n'avait pu remplir sa mission. M. le docteur Marquiseau disait encore, qu'il s'était entendu avec M. l'ordonnateur au Sénégal pour faire venir l'écorce de caïl-cédra qui ne croît pas du côté de Saint-Louis; il fallait s'adresser soit au commandant du parti de Sed'hiou, soit au résident d'Albréda, établissements situés en Cazamance et en Gambie, où le caïl-cédra semble se plaire plus particulièrement. De plus, il fallait encore attendre le départ d'un navire pour la France.

D'après ces renseignements qui m'étaient précieux, et dont je me plais à remercier ici M. l'inspecteur général qui me les avait communiqués d'une manière tout officieuse, je pris la liberté de vous écrire de nouveau, Monsieur le Ministre, pour vous prier de vouloir bien rappeler vos ordres à cet égard dans la colonie; et, par une lettre datée du 16 août 1850, vous avez eu la bonté de m'informer que vous aviez réitéré vos ordres pour hâter l'envoi des écorces.

Enfin, le 2 janvier 1851, je reçus, Monsieur le Minis-

tre, une lettre de votre département, par laquelle j'é-
tais prévenu que vous veniez de recevoir de l'adminis-
tration du Sénégal les substances réputées fébrifuges
que vous aviez bien voulu demander pour moi et qui
se composaient :

1° Caïl-cédra. . . . . 50 kilogr.
2° Karapa. 50
3° Nandauk. 50

Vous me signaliez en outre que, dans la barrique
n° 2, se trouvait renfermée une bouteille de gomme
extraite du *pterocarpus erinaceus*, que vous destiniez
à l'École de pharmacie. Je me suis empressé de re-
mettre à M. le directeur de l'École la bouteille de
gomme que je trouvai effectivement dans la barrique
intitulée n° 2, et je priai M. le directeur de m'en
donner un recépissé, que je tiens à votre disposition.
J'ai reçu encore, Monsieur le Ministre, la note que
M. Bertrand-Bocandé, résident français à la Cazamance,
vous avait envoyée ; je l'ai lue avec le plus grand intérêt, et j'ai été heureux de pouvoir consulter les renseignements utiles qu'elle contient.

Aussitôt après avoir reçu les tonneaux que vous veniez de mettre en ma possession, je commençai immédiatement mon travail, et confiant dans les écorces
qui m'avaient été remises par votre ministère, j'en
employai environ le tiers pour obtenir de suite une
bonne quantité de principe amer, afin d'en faire étu-
dier, au printemps qui approchait, les vertus fébrifuges. Mais mon étonnement fut grand de ne trouver

qu'un résultat presque complétement négatif ; c'est à peine si je pus recueillir un gramme de principe amer. Craignant d'avoir fait quelque erreur dans la manipulation, je recommençai mon opération en suivant pas à pas le procédé que j'avais indiqué dans ma thèse, et que je regardais comme le plus convenable pour extraire le principe amer ; mais le résultat que j'obtins ne fut pas plus concluant.

Les écorces avaient été traitées par des infusions aqueuses jusqu'à épuisement d'amertume. Ces différentes infusions avaient été réunies et évaporées au bain-marie jusqu'à consistance d'extrait, et cet extrait traité par l'alcool qui dissolvait le principe amer et les matières colorantes, en abandonnant les matières gommeuses et amylacées que l'eau avait entraînées. Cet alcool filtré était décoloré par le sous-acétate de plomb, puis filtré de nouveau pour enlever le précipité formé par le plomb et la matière colorante. Le soluté alcoolique légèrement jaune rougeâtre et peu amer était débarrassé de l'excès de plomb par un courant d'hydrogène sulfuré, et le sulfure de plomb formé était séparé par la filtration.

Après cette dernière opération, la solution alcoolique aurait dû ne contenir que le *caïl-cédrin* renfermé dans l'écorce, et en distillant l'alcool, j'aurais dû retrouver le principe amer au fond du bain-marie ; mais, au lieu de recueillir ce dernier à peu près pur, je trouvai un liquide sirupeux, épais, foncé, amer, ne précipitant pas dans l'eau le principe amer qu'il devait contenir, au contraire, s'y dissolvant avec facilité. Et ce n'était qu'après de nombreuses manipulations que je parvenais à extraire un peu de substance amère, qui, je le répète, ne représentait guère que 1 gramme environ pour 25 à 30 livres d'é-corces.

Je fus, Monsieur le Ministre, étonné de pareils ré-sultats ; mais cependant ne perdant pas encore cou-rage, je supposai que les écorces étaient peut-être mélangées. Je fis donc vider le tonneau qui contenait l'écorce de caïl-cédra, et au milieu des petits mor-ceaux de ces écorces, je fus assez heureux pour y trouver quelques fragments assez volumineux pour me permettre de les comparer entre eux et avec un échantillon de l'écorce qui m'avait servi à faire le travail de ma thèse, et que j'avais conservé précieu-sement.

Je fus obligé de reconnaître qu'il y avait au moins trois espèces d'écorces différentes mélangées dans le tonneau ; mais ne voulant pas m'en tenir à ma propre expérience, j'eus recours aux lumières de M. le pro-fesseur Guibourt, et je lui soumis les différents échan-tillons que j'avais trouvés dans le tonneau. Son avis vint confirmer mes appréhensions, M. Guibourt crut reconnaître au moins trois espèces différentes d'écor-ces ; sur l'une d'entre elles même, on remarquait des petits morceaux de gomme qui semblaient indiquer que cette écorce avait été retirée de quelque mimosa. Il n'y avait plus de doute pour moi, l'examen atten-tif des écorces était venu confirmer le résultat de l'a-nalyse chimique. C'est-à-dire qu'il y avait un mélange d'écorces, et que ce qui avait été envoyé comme des écorces de caïl-cédra, avait été recueilli en partie sur d'autres arbres n'appartenant pas à la famille de ce dernier.

Attristé d'une pareille conclusion, je gardai ces différents échantillons pour pouvoir les joindre à l'appui, en vous remettant ce mémoire, et je pris la liberté, Monsieur le Ministre, de vous écrire de nouveau pour solliciter de votre bonté un nouvel envoi d'écorces.

Ne voulant pas abuser de vos moments, je sollicitai une audience de M. Mestro, directeur des colonies, qui voulut bien me l'accorder, pour lui expliquer de vive voix ce qui m'intéressait tant. Je lui racontai tout ce que je viens de vous écrire ci-dessus, et je terminai en lui demandant de vouloir bien m'aider de son pouvoir pour faire venir de nouvelles écorces, qui, mieux choisies et avec plus de soins, me permettraient de mener à bonne fin un travail commencé depuis si longtemps.

M. le directeur m'accueillit avec beaucoup de bonté, et me promit son concours auprès de vous, Monsieur le Ministre, pour obtenir l'envoi de nouvelles écorces. En effet, vers la fin de 1852, je reçus une lettre de M. le directeur, m'annonçant l'arrivée de trois barriques contenant les écorces de caïl-cédra. Ces dernières sont arrivées en bon état et sans avaries. Mais quoique leur aspect physique ne soit pas complément identique avec celles qui ont fait le sujet de ma thèse, je crois néanmoins qu'elles proviennent bien de l'arbre le caïl-cédra; car l'analyse chimique m'a permis d'en retirer un principe amer identique à celui que j'avais trouvé dans les premières écorces. La seule différence que j'aie pu observer en faisant cette analyse, c'est la présence du chlorure de potassium qui existait en assez grande abondance dans les écorces primitives, et qui n'existe dans ces dernières qu'en minime quantité. — Quant à leur aspect externe qui diffère un peu, il s'expliquerait très-bien , en supposant qu'elles ont été recueillies sur des arbres arrivés à un âge plus ou moins avancé.

Quoique ces observations aient leur importance , puisqu'il s'agit de bien constater l'identité des écorces, je ne les aurais cependant pas faites si je n'avais voulu rendre un compte exact et vrai de tous les faits que j'ai pu observer.

Mais avant de vous exposer les expériences que j'ai cru devoir faire pour l'étude de cette écorce, je désire appeler votre attention , Monsieur le Ministre , sur un travail récent qui mérite , à mon avis , d'être pris en considération.

Je ne suis pas le seul qui ait cherché un fébrifuge parmi les végétaux originaires du Sénégal. M. Huart, pharmacien distingué de la marine, et mort malheureusement en accomplissant les devoirs de sa profession dans la colonie, avait eu l'idée le premier de faire des essais sur le caïl-cédra. La mort, qui vint le frapper si brusquement, l'empêcha de poursuivre un travail qui, entre ses mains, eût pu acquérir promptement une grande importance. Depuis, dans le courant de l'année dernière, M. Duvau, pharmacien de la marine au port de Rochefort, fit une thèse, pour l'obtention de son diplôme, sur le caïl-cédra. N'ayant point eu d'abord connaissance du travail chimique que j'avais publié, M. Duvau avait entrepris de faire l'analyse de l'écorce, analyse qui vint confirmer heureusement les premiers résultats que j'avais obtenus; car ayant plus tard eu connaissance de mon travail, il jugea inutile de publier le sien.

M. Duvau entreprit alors l'étude de l'écorce sous un autre point de vue, et c'est sur l'application que l'on pourrait faire en médecine de l'*extrait de caïl-cédra*, que ce jeune praticien, en collaboration de son ami, M. le docteur Rulland, dirigea de nouveau ses efforts. Les résultats obtenus par ces messieurs à l'hôpital de Gorée paraissent promettre un emploi utile de ce nouveau médicament; aussi ai-je voulu appeler votre attention, Monsieur le Ministre, sur ce travail, qui vient confirmer mes premières espérances dans l'emploi thérapeutique de cette écorce.

Voici l'époque où l'on voit quelques fièvres à Paris, et où elles ont un caractère plus grave; je pourrai donc, je l'espère, faire expérimenter ici l'extrait de caïl-cédra, et aussitôt que je posséderai des faits qui pourront vous intéresser, Monsieur le Ministre, je m'empresserai de les porter à votre connaissance.

DE L'ÉCORCE DE CAÏL-CÉDRA.

Le caïl-cédra (*kaya senegalensis*) est un des plus beaux arbres de ceux qui ornent les bords de la Gambie et les bas-fonds de la presqu'île du cap Vert. Il appartient à la famille des cédrelacées; dans ma thèse j'avais indiqué cet arbre comme faisant partie de la famille des méliacées, mais le regrettable M. Adrien de

Jussieu, auquel j'avais fait l'hommage d'un exemplaire, eut la bonté de m'écrire pour rectifier cette
inexactitude de ma part. En effet, les genres cedrela
et swietenia, qui faisaient partie de la famille des
méliacées, en ont été séparés par M. Adrien de Jussieu pour former une famille spéciale, sous le nom de
cédrelacées. C'est donc à cette dernière qu'il faut
rapporter le caïl-cédra, qui appartient au genre
kaya.

Les propriétés fébrifuges que lui reconnaissent les
naturels du pays, lui ont valu le surnom de *quinquina
du Sénégal*; je crois qu'il n'est pas nécessaire d'a-
jouter que ce ne sont point du tout des similitudes de
caractères botaniques qui lui auraient mérité l'honneur de ce titre, car le quinquina appartient à la famille des rubiacées, et il n'y a rien de commun entre
cette famille et celle des cédrelacées; le titre de quinquina du Sénégal lui vient simplement de son action
fébrifuge, et partant de sa ressemblance sur ce point
avec les quinquinas.

Le caïl-cédra se rapproche beaucoup du *swietenca
mahogoni*, qui est l'acajou véritable; son bois, dont
les fibres sont très-droites, se débite avec facilité en
belles planches, dont la couleur le fait confondre quel-
quefois avec l'acajou en en faisant de très-beaux
meubles.

L'écorce du caïl-cédra que j'ai reçue en dernier lieu
a environ 0,015 d'épaisseur; la surface externe est
presque lisse, l'épiderme manque presque totalement,
elle est jaune rougeâtre, et diffère en ceci de celle
que j'avais reçue précédemment de M. Servant : cette

dernière était recouverte par l'épiderme qui était cre-
vassé, rugueux et d'une couleur gris foncé. Sous
l'épiderme elle est d'une couleur jaune rougeâtre qui
va en diminuant du dehors au dedans ; sa cassure est
nette et formée de stries blanches et qui sont dans le
sens de la longueur de l'arbre. Ces stries deviennent
de plus en plus nombreuses en allant de la surface externe vers la surface interne ; cette dernière est rouge,
si l'on vient à l'enlever par petites plaques, on met à
découvert une surface beaucoup moins colorée. Quand
on mâche un morceau de cette écorce, elle développe
sur la langue un sentiment d'amertume bien sensible ;
elle est dure, cassante et fort lourde. Prise en masse,
elle développe une odeur particulière due à la présence
d'une petite quantité d'essence.

I

Les principales propriétés chimiques du corps amer
renfermé dans l'écorce de cail-cédra m'étant connues,
j'ai cherché surtout, dans le travail qui m'occupe en
ce moment, à l'isoler avec le moins de frais possible
et en quantité aussi grande que faire se peut. J'ai suivi
différents procédés pour arriver à ce résultat, mais
aucun n'est économique, car il faut toujours se servir
de grandes masses d'alcool, et dans les différentes
manipulations nécessaires à l'isolement du caïl-cédrin
il s'en perd beaucoup. D'ailleurs la quantité qu'on
peut retirer de ce principe amer est si minime, qu'elle
rend ce corps impossible dans la pratique médicale à

cause du prix élevé qu'il atteindrait. Je vais donc décrire principalement dans ce travail les différents procédés que j'ai suivis pour obtenir le caïl-cédrin, ainsi que les propriétés physiques et chimiques dont il paraît jouir.

II

Ayant remarqué que le sous-acétate de plomb liquide décolorait très-bien la décoction aqueuse de l'écorce, j'entrepris d'isoler le caïl-cédrin par ce dernier moyen. A cet effet, je pris 12 kilog. d'écorces, lesquelles, pulvérisées grossièrement, furent mises dans un appareil à déplacement et traitées par de l'eau bouillante ; je fis ainsi passer à différentes reprises environ 25 litres de liquide que je laissais macérer pendant deux ou trois heures chaque fois. L'écorce ainsi traitée perdit complétement son amertume, car une petite quantité de cette écorce ainsi épuisée par l'eau ayant été mise à macérer dans l'alcool, ce dernier ne prit qu'un goût très-faible d'amertume tout à fait insignifiant.

Je réunis ces diverses infusions, et je les décolorai par le sous-acétate de plomb. La liqueur, qui était rouge foncé légèrement acide et très-amère, fut très-bien décolorée ; l'ayant filtrée, elle passa très-limpide, franchement amère et d'une couleur ambrée.

Je fis alors évaporer au bain-marie cette masse d'eau jusqu'à siccité, mais dès que la chaleur commença à s'élever un peu, la liqueur ne tarda pas à se troubler, et de jaune ambrée qu'elle était, elle prit une teinte rouge assez foncée, par suite probablement de l'action que l'air exerce sur les substances végétales lorsque ces dernières se trouvent en contact avec lui sous l'influence de l'eau et de la chaleur. J'obtins un extrait sec qui pesait environ 360 grammes. Cet extrait, pulvérisé, fut mis dans un appareil à déplacement et soumis à l'action de l'alcool à 33°, pour enlever le principe amer qui devait y exister. L'alcool se chargea très-fortement en couleur jaune rougeâtre et prit un goût sensible d'amertume ; j'en fis passer ainsi jusqu'à ce que ce dernier n'eût plus de saveur, puis l'ayant filtré, je le distillai.

Il resta dans le bain-marie un léger dépôt et un liquide sirupeux jaune rougeâtre. Je recueillis le tout dans une capsule de porcelaine, puis je continuai à faire évaporer au bain-marie ; lorsque tout le liquide fut évaporé, je repris le résidu par de l'alcool à 33° qui laissa un peu de matière colorante et enleva toute la matière amère. J'y fis alors passer un courant d'hydrogène sulfuré pour enlever l'excès de plomb, je filtrai, et en ajoutant un peu d'eau dans la solution alcoolique rapprochée, le caïl-cédrin fut précipité, recueilli sur un filtre et séché pour être pesé ; la quantité que j'en obtins fut de 2 grammes environ pour les 12 kilogrammes d'écorces. Ce procédé n'est donc pas applicable et ne donne pas d'ailleurs tout ce qu'on peut retirer de l'écorce.

On voit par ce compte rendu d'une opération qui a duré longtemps pour arriver à sa fin, que le caïl-cédrin reviendrait à un prix exorbitant ; mais on verra aussi que le caïl-cédrin obtenu dans ces conditions comme dans les autres opérations que je vais décrire, est identique et existe réellement dans l'écorce.

III

Peu satisfait de ce résultat, et pour me rendre bien compte du principe amer existant dans l'écorce, je voulus employer un autre moyen. Je fis agir directement l'alcool sur l'écorce dans un appareil à déplacement, je fis digérer ce dernier jusqu'à ce qu'il passât sans amertume; je pris pour cette opération 1 kilog. seulement d'écorces, et après avoir distillé les liqueurs alcooliques, j'obtins environ 50 grammes d'extrait mou. Je repris cet extrait par de l'eau chaude jusqu'à ce que cette dernière n'eût plus de goût amer; la liqueur après refroidissement fut filtrée et traitée à chaud par un lait de magnésie qui enleva la matière colorante rouge; la liqueur surnageante d'un jaune foncé était très-amère.

Je laissai refroidir, puis je filtrai pour recueillir le dépôt magnésien que je mis à l'étuve pour le faire dessécher. Il fut ensuite réduit en poudre et traité par de l'alcool bouillant à deux reprises différentes, mais l'alcool passa sans amertume sensible, et à l'évaporation, il ne laissa qu'un atome de substance verdâtre, amère cependant, mais dont la quantité était si minime, qu'elle devait provenir de la liqueur qui surnageait le précipité magnésien, et que les lavages n'avaient pas enlevés complétement.

IV

Toute la substance amère était donc restée dans la liqueur qui surnageait le précipité magnésien; je l'avais fait évaporer en grande partie et abandonnée dans un endroit frais pour voir si elle donnerait des cristaux, mais je n'en obtins pas. Ayant remarqué dans le cours de mes essais que le chloroforme dissolvait très-bien le caïl-cédrin, je mis dans un col droit le liquide magnésien, et j'ajoutai un peu de chloroforme, puis j'agitai ce mélange de temps en temps et le laissai en contact pendant deux jours environ. Ce temps écoulé, je séparai les deux liquides, puis je filtrai le chloroforme et je l'abandonnai à l'évaporation spontanée; mais il ne donna pas de cristaux, et laissa un extrait jaune clair, mou, d'une amertume insupportable, se dissolvant très-bien dans l'alcool, et précipitant par l'eau; peu soluble par conséquent dans cette dernière, et sans réaction sur le papier bleu ou rouge de tournesol. Ce caïl-cédrin, recueilli sur un filtre séché et pesé, donna pour 1 kilog. 0,25 de principe amer; c'est juste un tiers de plus que par le dernier procédé. Malgré cela, la quantité est si minime, qu'il ne faut point songer à tirer parti de ce dernier.

On voit que cette substance amère est identique avec celle déjà retirée par le procédé précédent. Quant à la liqueur aqueuse que j'avais mise en contact avec le chloroforme après l'avoir filtrée, je la fis évaporer au bain-marie, jusqu'à siccité, puis je repris l'extrait obtenu par un peu d'alcool qui aurait dû redissoudre le caïl-cédrin s'il en fût resté ; mais la solution alcoolique ne prit aucun goût d'amertume, il ne restait que de la matière colorante jaune, soluble dans l'eau et dans l'alcool, et dont on a tant de peine à pouvoir débarrasser le principe amer. Le chloroforme a donc bien enlevé ce dernier en ne dissolvant que lui.

V

La décoloration par la magnésie étant un procédé coûteux, je voulus, dans ce même procédé, remplacer la magnésie par le sous-acétate de plomb. Je pris donc 1 kilog. d'écorces que j'épuisai comme précédemment par de l'alcool à 33°, je réunis les liqueurs, je distillai pour recueillir l'alcool, et j'obtins de l'extrait que j'épuisai par de l'eau chaude, jusqu'à ce que cette dernière ne prît plus rien. Ces différentes solutions furent réunies et filtrées après refroidissement. La liqueur était très-amère, je la traitai alors par le sous-acétate de plomb : la liqueur se décolora très-bien, et la liqueur aqueuse filtrée passa jaune clair et peu amère ; je fis passer un courant d'hydrogène sulfuré pour enlever l'excès de plomb, je filtrai de nouveau pour enlever le sulfure de plomb formé, et je fis évaporer le liquide pour obtenir le caïl-cédrin ; mais dans cette opération le résultat ne fut pas net comme dans l'autre : il reste toujours une certaine quantité de matière colorante jaune que le plomb n'enlève pas bien, et qui passe au rouge foncé quand on fait évaporer le liquide, de sorte que la petite quantité de substance amère que j'aurais dû obtenir se trouva perdue dans ce nouvel extrait, et je ne pus le recueillir pour le peser.

Cette opération est moins bonne que la précédente, les réactions sont moins nettes, et je n'essayai plus de me servir de ce procédé. Celui qui m'a le mieux réussi est le suivant; je vais en donner la description, et ce n'est qu'après de nombreux tâtonnements et bien des essais que j'ai fini par m'arrêter à ce dernier, bien convaincu que c'était encore le moyen le plus sûr pour obtenir un bon résultat, et celui qui reviendrait le moins cher, quoique cependant on fasse une grande dépense d'alcool.

VI

Je prends 5 kilogrammes d'écorces grossièrement pulvérisées, j'en épuise l'amertume par des infusions successives à l'aide de l'eau chaude, je réunis ces diverses liqueurs, puis je les fais évaporer au bain-marie jusqu'en consistance d'extrait mou; je reprends alors cet extrait par de l'alcool à 33° qui enlève le principe amer et une grande partie de la matière colorante rouge. Lorsque l'alcool a bien enlevé tout ce qu'il pouvait dissoudre, on traite à froid le soluté par du sous-acétate de plomb qui s'empare de la matière colorante rouge et laisse le principe amer dissous dans l'alcool; la liqueur est bien décolorée. On laisse déposer le précipité, on décante et on filtre les dernières parties, puis on distille pour recueillir l'alcool, le caïl-cédrin reste dans le bain-marie. On redissout le tout dans un peu d'alcool et on fait passer un courant d'hydrogène sulfuré pour enlever l'excès de plomb; on filtre et l'on fait évaporer, puis on précipite par un peu d'eau distillée, qui dissout la matière colorante jaune que le plomb n'avait pu enlever tout à fait.

Dans ces derniers temps, ayant remarqué la solubilité du caïl-cédrin dans le chloroforme, je recueillis la liqueur aqueuse qui restait au fond du bain-marie et je la versai dans un col droit bien bouché, où je l'agitai avec un peu de chloroforme. Ce dernier enlève parfaitement la substance amère que l'on recueille alors en faisant évaporer spontanément la solution filtrée de chloroforme et séparée par décantation de la liqueur aqueuse. Dans cette opération on n'a pas à s'inquiéter de l'excès de plomb à enlever par l'hydrogène sulfuré, le chloroforme enlève seulement la matière amère et ne se souille d'aucune substance étrangère.

La quantité de caïl-cédrin obtenue par ce procédé est de 4 grammes pour 5 kilogrammes d'écorces : c'est donc 0,80 centigrammes pour 1 kilogramme; ce qui est la plus forte quantité que j'aie jamais pu obtenir.

VII

Le caïl-cédrin ainsi obtenu est sous forme d'un extrait presque mou; je n'ai jamais pu faire cristalliser cette substance. Quand on laisse la solution alcoolique s'évaporer spontanément, le résidu se présente sous

forme d'une infinité de gouttelettes qui vont en diminuant du centre à la circonférence. C'est une forme
que le caïl-cédrin affecte souvent quand on fait évaporer une solution alcoolique qui n'est pas trop con-
centrée. Pour l'obtenir pulvérulent, il faut faire évaporer la liqueur alcoolique, et, vers la fin, projeter un
peu d'eau : alors le caïl-cédrin se précipite sous forme
résinoïde, on le recueille sur le filtre, et lorsqu'il est
bien sec, on peut le réduire en poudre ; il est alors
blanc légèrement jaunâtre, et a perdu complétement
sa transparence.

Quand on a extrait le caïl-cédrin, ainsi que je l'ai dit
tout à l'heure, à l'aide du chloroforme, et qu'après
l'évaporation de ce dernier on le redissout dans une
petite quantité d'alcool, on obtient quelques petits
cristaux parfaitement blancs, insolubles dans l'alcool,
dans l'éther et dans l'eau, sans amertume sur la langue,
mais se dissolvant avec facilité dans le chloroforme.
Brûlés dans un creuset de platine, ils ne laissent aucun
résidu ; mais la quantité que j'ai pu recueillir a été si
minime qu'il m'a été impossible de pousser plus loin
mes observations : je crois cette substance indépen-
dante du principe amer.

Dans ma thèse, j'avais émis l'opinion que le caïl-
cédrin pourrait bien former une combinaison saline
avec la magnésie, et jouer le rôle d'acide avec cette
dernière. J'ai voulu m'en rendre un compte exact, et
constater si vraiment on pouvait admettre ce fait. J'ai
donc pris du caïl-cédrin parfaitement purifié, je l'ai
dissous dans l'alcool a 33°, puis je l'ai mis dans un bal-

lon de verre, avec un excès de magnésie en gelée nou-
vellement précipitée , de manière que la cohésion de
ses molécules étant moins grande, la combinaison, si
elle devait avoir lieu, dut s'opérer plus facilement.
Je portai le tout à l'ébullition pendant quelques instants, et je filtrai le liquide bouillant, puis je l'abandonnai à une évaporation spontanée; mais ni le refroidissement, ni même l'évaporation complète de l'alcool
ne donnèrent de dépôt salin. La petite quantité
de magnésie qui s'était dissoute dans l'alcool restait
au fond du verre, et le caïl-cédrin se trouvait déposé
sur les parois; on pouvait même le séparer facilement
de la magnésie en le dissolvant dans un peu de chloroforme. Il n'y a donc pas eu de combinaison; j'ai
agi, il est vrai, sur une très-petite quantité de substance
amère , et peut-être en employant une plus grande
masse de substance , obtiendrait-on un résultat plus
satisfaisant. Je ne le sais , l'expérience seule peut le
décider; je n'avais à ma disposition qu'une faible
quantité de caïl-cédrin parfaitement purifié : je n'ai
pu l'essayer de nouveau. C'est d'ailleurs une expérience sur laquelle je reviendrai.

VIII

Le caïl-cédrin est donc un corps neutre de nature résinoïde, ne formant pas de combinaison saline avec la
magnésie, d'une couleur jaunâtre, très-cassant quand
il est en masse, d'une amertume insupportable lorsqu'on le broie dans la bouche, se ramollissant très-fa-

cilement dans l'eau chaude, et lui communiquant son goût amer. Par le refroidissement il reprend sa dureté, sa cassure est brillante et nette comme celle de la résine de pin ; il est très-léger. Jamais je n'ai pu l'obtenir cristallisé ; il est très-soluble dans l'alcool, soluble dans l'éther et le chloroforme, se dissolvant mieux dans ce dernier ; très-peu soluble dans l'eau, la solution alcoolique est sans action sur le papier de tournesol bleu ou rougi par un acide. Sa couleur, lorsqu'on l'obtient en faisant évaporer une dissolution d'éther ou de chloroforme, est jaune clair, transparent ; mais lorsqu'on l'obtient d'une dissolution alcoolique, comme ce dissolvant contient un peu d'eau, il affecte la forme que j'ai indiquée plus haut, il perd sa transparence, et il est blanc jaunâtre amorphe.

Quoique très-peu soluble dans l'eau, il l'est assez cependant pour lui communiquer une forte amertume ; il est plus soluble à chaud qu'à froid : si l'on fait bouillir du Caïl-cédrin dans l'eau dix minutes environ, et qu'on laisse refroidir ; la solution, de claire et limpide qu'elle était, ne tarde pas à se troubler, et ce n'est qu'après plusieurs filtrations de la solution complétement refroidie, qu'on parvient à obtenir un liquide clair. La solution présente alors dans les couches supérieures cette teinte bleuâtre opaline que l'on remarque dans les solutions aqueuses de sulfate de quinine ; elle est sans action sur le papier bleu ou rouge du tournesol.

Traité par différents réactifs, voici les résultats que j'ai obtenus. Quand le caïl-cédrin employé a été bien purifié par des dissolutions successives dans le chloroforme, l'éther ou l'alcool,

1° L'ammoniaque fonce la liqueur ; pas de précipité ;

2° La potasse colore en rose ;

3° L'eau de chaux, — rien ;

4° Acide sulfurique, — rien ;

5° Acide chlorhydrique, — rien ;

6° Acide nitrique, — rien ;

7° La solution de tannin blanchit franchement la
liqueur, mais ne donne pas de précipité ; même au
bout de plusieurs heures le liquide reste louche ;

8° L'iodure de potassium ioduré louchit bien légèrement la liqueur sans précipité ;

9° L'iodate acide de potasse ne fait rien ;

10° L'acétate de plomb, — rien.

Si l'on traite directement le caïl-cédrin par les
acides, on sait que :

L'acide sulfurique noircit complétement ;

L'acide chlorhydrique ne fait rien ;

L'acide nitrique prend une teinte légèrement ro-
sâtre, et passe peu de temps après à la couleur jaune
clair qui persiste.

Si l'on verse une goutte d'acide sulfurique sur du
caïl-cédrin, et qu'on ajoute aussitôt un peu de bichro-
mate de potasse, il ne se produit pas de phénomène
de coloration comme avec la strychnine.

Il me restait du caïl-cédrin que j'avais retiré de l'é-
corce qui m'avait servi à faire le sujet de ma thèse, je
me rappelais que le principe amer de cette écorce ne
se dissolvait pas dans l'éther comme celui que je retire
des écorces actuelles. Effectivement, traité par ce véhicule, il restait insoluble, tandis que celui des nou-

velles écorces s'y dissolvait promptement. Je crus un instant que j'avais fait l'essai de deux écorces différentes, mais en essayant sa solubilité dans le chloroforme, j'abandonnai cette idée. Le chloroforme divisa en deux parties bien distinctes le susdit caïl-cédrin : l'une complétement soluble dans ce véhicule, et l'autre insoluble.

La solution chloroformique fut filtrée, puis évaporée ; il resta un extrait jaune clair qui fut soumis à l'action de l'éther ; ce dernier le dissolvit très-bien, et filtré et évaporé, il laissa un résidu jaune clair, très-amer, soluble dans l'alcool, peu soluble dans l'eau, et présentant les mêmes caractères que le caïl-cédrin bien purifié.

Quant à l'autre partie insoluble dans le chloroforme, elle ressemble à une résine, et quoique ayant été soumise longtemps à l'action de ce dissolvant afin d'épuiser son amertume, si on la redissout dans un peu d'alcool, on trouve qu'elle possède encore une légère saveur amère. L'eau et l'éther ne la dissolvent pas.

Cette substance résinoïde paraît donc unie assez intimement avec le principe amer pour l'empêcher de se dissoudre dans l'éther, même après plusieurs heures de contact, et m'avait fait croire un instant à deux espèces de matière amère, l'une soluble dans l'éther, l'autre ne l'étant pas. Mais le chloroforme, en opérant la séparation du caïl-cédrin de cette résine, m'a fait voir que cette idée était fausse, et qu'il n'existait qu'un seul principe amer dans les écorces dont j'ai fait l'analyse.

J'ai pensé qu'il était utile de donner ce détail, pour prouver que je n'ai pas commis d'erreur; seulement le caïl - cédrin que j'obtiens aujourd'hui est beaucoup plus pur que celui qui m'a servi à faire ma thèse, grâce à la purification par le chloroforme.

Enfin, quoique le caïl-cédrin ne soit pas un corps cristallisable, j'ai voulu en faire l'analyse élémentaire afin d'en connaître les principes constituants. Je ne donne ces chiffres qu'avec beaucoup de réserve, parce qu'on ne peut jamais être sûr de l'homogénité parfaite d'un corps qui ne cristallise pas, et dont les atomes en conséquence peuvent varier. J'ai cherché cependant à me rapprocher le plus possible de la vérité, et pour cela j'ai fait l'analyse élémentaire du caïl-cédrin, que j'avais purifié complétement par des dissolutions successives dans du chloroforme, de l'éther et de l'alcool purs, et qui, chauffé dans un creuset de platine, ne laissait aucun résidu par la calcination.

N'ayant pas dans mon laboratoire de pharmacie les instruments nécessaires pour faire cette analyse, c'est dans le laboratoire de **M.** le professeur Wurtz, mon maître et mon ami, que j'ai pu achever ce travail, et je suis heureux de pouvoir lui témoigner ici ma gratitude.

L'analyse a donné pour 100 de substance employée :

Carbone.	64,9
Hydrogène.	7,6
Oxygène.	27,5
	100 0

Chauffé dans un tube de verre avec de la potasse, le caïl-cédrin n'a pas donné trace d'azote.

IX

La matière colorante rouge de l'écorce du caïl-cédra
se présente sous forme pulvérulente ; elle est soluble
dans l'eau et dans l'alcool ; sa solution aqueuse, traitée
par différents réactifs, donne les résultats suivants :

Emétique, — rien ;
Tannin, — rien ;
Gélatine, précipité couleur chair abondant;
Sous-acétate de plomb, précipité abondant lie de
vin ;
Perchlorure de fer, précité vert abondant;
La *potasse caustique*, pas de précipité, fonce beau-
coup la couleur ;
Cyanure jaune de potassium et de fer, couleur rouille
sale.

La matière colorante d'un beau rouge pourrait peut-
être servir dans la teinture ; sa couleur est fort tenace,
et même au blanchissage on ne peut en débarrasser
le linge qui en est imprégné. Elle n'a pas de goût ; je
l'ai isolée en faisant passer un courant d'hydrogène
sulfuré dans le précipité plombique, bien lavé à l'alcool, précipité que l'on recueille en décolorant la
solution alcoolique de l'extrait aqueux de l'écorce,
pour obtenir le principe amer.

X

Après avoir épuisé successivement l'écorce de caïl-
cédra par l'alcool froid et bouillant ; je l'ai mise en macé-
ration dans l'eau pendant environ vingt-quatre heures ;
au bout de ce temps j'ai filtré la liqueur qui était
légèrement colorée en jaunâtre, je l'ai fait rapprocher
des trois quarts et j'ai versé dessus de l'alcool fort ; il
s'est formé aussitôt un précipité abondant de gomme.

Enfin, ayant fait bouillir cette écorce dans l'eau et
ayant filtré le decoctum, je le traitai après refroidissement par un peu de teinture d'iode qui y développa
une magnifique couleur bleue, ce qui indiqua la présence de l'amidon.

XI

L'écorce possédant une odeur assez forte qui se ré-
pandait dans mon laboratoire chaque fois que je faisais
des décoctions aqueuses, je voulus en distiller une
certaine quantité, afin de m'assurer si cette odeur *sui
generis* était due à une essence.

Je pris à cet effet 5 kilog. d'écorce que je mis macérer dans de l'eau froide pendant plusieurs heures,
puis je distillai, en ayant soin d'employer un récipient
florentin pour recueillir l'essence ; je continuai la distil-
lation pendant un temps assez long, en ayant soin de
recohober chaque fois que l'eau pouvait manquer
dans le bain-marie. Malgré ces précautions, je n'ob-

tins qu'une quantité fort insignifiante de cette essence, que je recueillis cependant sur un filtre, et que je purifiai, en la faisant dissoudre dans un peu d'éther.

Elle est très-concrète, légèrement colorée en jaune, d'une odeur particulière, douce, mais persistante, et paraissant se rapprocher d'un mélange de musc et de vanille, sans cependant avoir une odeur aussi prononcée que ces deux substances. L'eau distillée que l'on obtient est très-aromatique et pourrait être employée en pharmacie, à l'instar de diverses eaux distillées telles que celles de menthe, de tilleul, de fenouil, etc.

L'écorce de caïl-cédrin contient donc :

1° Du *caïl-cédrin* (principe amer) ;
2° De la matière grasse verte ;
3° De la matière colorante rouge en abondance ;
4° De la matière colorante jaune ;
5° De la gomme ;
6° De l'amidon ;
7° Du ligneux ;
8° Du chlorure de potassium ;
9° Une essence aromatique.

CONCLUSIONS.

On peut résumer ainsi les principaux faits de ce travail, et en tirer les conclusions suivantes :

1° L'écorce de caïl-cédra renferme un principe amer qui représenterait en partie les vertus fébrifuges de l'écorce, mais il y existe en si minime quantité (on n'en peut retirer que 0,80 centigr. par kilogr.), que son exploitation deviendrait impossible, car son prix deviendrait bien plus élevé que celui du sulfate de quinine, en admettant même que le principe amer ait un pouvoir antipériodique égal à celui de ce dernier, ce que l'expérience n'a pas encore démontré.

2° On peut remplacer le caïl-cédrin par l'extrait aqueux de l'écorce.

3° M. le docteur Buland et M. Duvau, pharmacien de la marine, ont fait des essais avec l'extrait aqueux sur des malades à l'hôpital de Gorée, essais qui portent à croire que ce dernier possède quelque valeur antifébrile, mais cependant inférieure à celle du sulfate de quinine.

En effet, dans bien des cas ces messieurs ont donné 1 gramme de sulfate de quinine pour couper la fièvre dès l'arrivée du malade à l'hôpital, puis ils ont continué avec l'extrait de caïl-cédra pour opérer la guérison; cet extrait n'était donc pas assez énergique pour agir seul. Cependant ces messieurs citent beaucoup d'exemples où l'extrait seul a produit la guérison.

On sait, du reste, quelle intensité ont les fièvres du Sénégal et surtout celles qui règnent sur les côtes du grand Bassam, et ce sont précisément des fiévreux venant de ces pays qui ont été traités par l'extrait de caïl-cédra ; 1 gramme de sulfate de quinine seul serait impuissant à couper ces fièvres, et l'influence de l'extrait de caïl-cédra a certainement été salutaire pour achever la guérison.

4° La quantité si minime de principe amer contenu dans l'écorce, ne permet pas de supposer que ce soit à lui seul qu'on puisse attribuer la propriété fébrifuge du caïl-cédra ; on pourrait dès lors supposer que la matière colorante rouge agit aussi dans ce sens, et je ne ne vois rien de déraisonnable dans cette hypothèse, malgré l'insipidité de la matière, car on connaît des corps qui agissent comme fébrifuges et qui ne possèdent nullement la saveur amère : telles sont certaines matières tannantes ; l'acide arsénieux lui-même dont la saveur est faible et qui possède néanmoins, dans certains cas, une action fébrifuge énergique.

Si l'expérience venait à prononcer à cet égard, je proposerais d'employer un extrait alcoolique préparé de la manière suivante : on traite d'abord l'écorce de caïl-cédra grossièrement pulvérisée, par l'eau, de manière à en épuiser complétement l'amertume, on fait évaporer au bain-marie en consistance d'extrait mou, on traite cet extrait par l'alcool à 26°, qui ne dissout que le principe amer et la matière colorante, de sorte que l'on obtient ainsi un extrait concentré d'un beau rouge, amer, et astringent au goût, qui ne doit renfermer que les substances actives de l'écorce.

En traitant l'écorce par l'eau, d'abord on élimine, autant que faire se peut, les matières grasses, et en reprenant l'extrait aqueux obtenu par l'alcool, on laisse de côté les matières gommeuses et amylacées, qui peuvent augmenter le poids de l'extrait comme rendement, mais qui, j'en suis certain, ne doivent apporter aucune action efficace aux propriétés antipérodiques de l'écorce. Je crois donc qu'il serait préférable d'employer cet *extrait alcoolique* à celui qu'indiquent MM. Rulland et Duvau; il lui sera certainement supérieur dans son action thérapeutique.

Comme complément à ce travail, j'ajouterai qu'on pourrait très-bien, à l'instar du vin et du sirop de quinquina, employer comme tonique et fortifiant, le vin et le sirop de caïl-cédra; ces deux préparations ne seraient pas désagréables à prendre et pourraient être données à un prix moins élevé que celles du quinquina. Je proposerais les formules suivantes :

Teinture de caïl-cédra.

Alcool à 22. . . . .　　1 kilogr.
Écorces de caïl-cédra concassées.　250 gr.

F. S. A.

Vin de caïl-cédra.

Vin de Bordeaux rouge. . . . .　　1 litre.
Teinture de caïl-cédra. . . . . .　120 gr.

F. S. A.

Sirop de caïl-cédra.

Écorces de caïl-cédra. . . . . . . 200 gr.
Sucre blanc. . . . . 1 kilogr.
Eau. . . . . Q. S.

F. S. A.

Tout ce que vous venez de lire, Monsieur le Ministre, paraîtrait prouver que l'extrait de caïl-cédra jouirait de quelque propriété antipériodique, et malgré ces essais antérieurs il serait à désirer que des expériences plus nombreuses et continuées pendant une période de temps plus longue vissent la confirmer ; et alors même qu'on arriverait à reconnaître, ce qui est plus que probable, que cet extrait n'a pas une action à beaucoup près aussi puissante que celle du sulfate de quinine, son emploi n'en devrait pas être pour cela abandonné, car on pourrait l'adjoindre à la quinine, et son prix, d'ailleurs si minime en comparaison du fébrifuge des quinquinas, rendrait son usage utile dans nos campagnes et dans nos colonies en diminuant considérablement la dépense qu'exige le sulfate de quinine.

J'ai l'honneur d'être avec un profond respect,

Monsieur le Ministre,

De Votre Excellence,

Le très-humble et très-obéissant serviteur,

Eugène CAVENTOU.

Paris. — Imprimé par E. Thunot et Ce, 26, rue Racine.

www.ingramcontent.com/pod-product-compliance
Lightning Source LLC
Chambersburg PA
CBHW061335060726
47596CB00003B/1264